PRIÈRES
AU
CŒUR

Les Grandes Prières
des saints

Direction : Guillaume Arnaud
Direction éditoriale : David Gabillet
Édition : Charlotte Walckenaer

Direction artistique : Élisabeth Hebert, assistée de Bleuenn Auffret
Direction de fabrication : Thierry Dubus
Fabrication : Audrey Bord

Composition : Text'Oh

15/27 rue Moussorgski, 75895 Paris Cedex 18.
Site : www.mameeditions.com

ISBN : 978-2-7289-2180-5
MDS : 531 503

PRIÈRES AU CŒUR

Les Grandes Prières des saints

MAME

Sommaire

Mon Dieu, je vous offre toutes les actions........ 10
Prière du matin 11
Veux-tu mes mains ? 12
Décalogue de la sérénité................................ 13
Prends, Seigneur 15
Dieu Très-Haut et glorieux 16
Prière pour la paix.. 17
Prière d'abandon.. 18
Ô Dieu, éveille-moi 20
Prère à la miséricorde divine 21
Accorde-moi de t'aimer.................................. 22
Prends-moi dans ton silence… 24
Prière brève 26
Prière des trois cœurs.................................... 27
Je voudrais bien t'aimer 29
Ne me juge pas, ô Dieu de miséricorde........... 30

Bénis la détresse des hommes........................... 31
Donnez-moi.. 33
Prière dite « des douze apôtres »........................ 34
Prière pour demander l'humilité........................ 36
Actes d'amour... 37
Le Christ avec moi.. 39
Seigneur Jésus, apprenez-nous.......................... 40
Prière d'abandon... 41
Ô Christ, ton règne est proche.......................... 42
Hymne à l'Eucharistie...................................... 43
Louange au Saint-Esprit.................................. 44
Respire en moi.. 45
Invocation à l'Esprit de Dieu........................... 46
Ô mon Dieu, Trinité que j'adore...................... 47
Offrande de moi-même.................................... 50
En suivant Marie... 51
Une enfant selon votre cœur............................ 52
À Marie, divine souveraine.............................. 53
Consécration à Marie...................................... 54
Prière de consécration
à l'Immaculée Conception............................... 55

Souvenez-vous 57
À la Sainte Famille de Nazareth 58
Glorieux saint Joseph...................................... 60
Prière pour les malades 61
Autour de la table 62

« La prière [...] nous rappelle constamment le primat du Christ et, en rapport à lui, le primat de la vie intérieure et de la sainteté. »

Saint Jean Paul II, lettre apostolique
Novo millennio ineunte, 2001, 38.

« La sainteté du peuple de Dieu s'épanouira en fruits abondants, comme en témoigne avec éclat, à travers la vie de tant de saints, l'histoire de l'Église. »

Vatican II, constitution dogmatique
Lumen gentium, 1964, 40.

« Le culte authentique des saints ne consiste pas tant à multiplier les actes extérieurs, mais plutôt à pratiquer un amour fervent et effectif, cherchant, pour notre plus grand bien et celui de l'Église, "à fréquenter les saints pour les imiter, à nous unir à eux pour avoir part à leur sort, à obtenir le secours de leur intercession." »

Vatican II, constitution dogmatique
Lumen gentium, 1964, 51, citation du Missel romain
(préface pour la fête des saints accordée à certains diocèses).

Mon Dieu,
je vous offre toutes les actions

Mon Dieu, je vous offre toutes les actions
que je vais faire aujourd'hui,
dans les intentions et pour la gloire
du Cœur Sacré de Jésus ;
je veux sanctifier les battements de mon cœur,
mes pensées et mes œuvres les plus simples
en les unissant à ses mérites infinis,
et réparer mes fautes en les jetant dans
la fournaise de son amour miséricordieux.

Sainte Thérèse de l'Enfant-Jésus

PRIÈRE DU MATIN

Voici l'aurore,
voici mes mains
Ô mon Dieu
je te les donne. […]

Mon désir, cette journée,
te l'offrir sans réserve,
rester inébranlable,
libre de tout péché. […]

Vois mon désir,
Ô mon Christ,
avec toi,
le chemin est aisé.

Amen.

Saint Grégoire de Nazianze

VEUX-TU MES MAINS ?

Jésus, veux-tu mes mains
pour vivre cette journée
en aidant les pauvres et les malades qui en besoin ?
Seigneur, aujourd'hui, je te donne mes mains.

Seigneur, veux-tu mes pieds
pour vivre cette journée
en visitant ceux qui ont besoin d'un ami ?
Seigneur, aujourd'hui, je te donne mes pieds.

Seigneur, veux-tu ma voix
pour vivre cette journée
avec ceux qui ont besoin d'une parole d'amour ?
Seigneur, aujourd'hui, je te donne ma voix.

Seigneur, veux-tu mon cœur
pour vivre cette journée en aimant chaque homme,
seulement parce qu'il est homme ?
Seigneur, aujourd'hui, je te donne mon cœur.

Sainte mère Teresa

Décalogue de la sérénité

Rien qu'aujourd'hui, j'essaierai de vivre ma journée sans chercher à résoudre le problème de toute ma vie.

Rien qu'aujourd'hui, je prendrai le plus grand soin de me comporter et d'agir de manière courtoise ; je ne critiquerai personne, je ne prétendrai corriger ou régenter qui que ce soit, excepté moi-même.

Rien qu'aujourd'hui, je serai heureux sur la certitude d'avoir été créé pour le bonheur, non seulement dans l'autre monde mais également dans celui-ci.

Rien qu'aujourd'hui, je consacrerai dix minutes à une bonne lecture en me rappelant que, comme la nourriture est nécessaire à la vie du corps, de même la bonne lecture est nécessaire à la vie de l'âme.

Rien qu'aujourd'hui, je ferai une bonne action et n'en parlerai à personne.

Rien qu'aujourd'hui, j'accomplirai au moins une chose que je n'ai pas envie de faire, et si on m'offense, je ne le manifesterai pas.

Rien qu'aujourd'hui, je me plierai aux circonstances, sans prétendre que celles-ci cèdent à tous mes désirs.

Rien qu'aujourd'hui, j'établirai un programme détaillé de ma journée. Je ne m'en acquitterai peut-être pas entièrement, mais je le rédigerai. Et je me garderai de deux calamités : la hâte et l'indécision.

Rien qu'aujourd'hui, je croirai fermement – même si les circonstances attestent le contraire – que la Providence de Dieu s'occupe de moi comme si rien d'autre n'existait au monde.

Rien qu'aujourd'hui, je n'aurai aucune crainte. Et tout particulièrement je n'aurai pas peur d'apprécier ce qui est beau et de croire à la bonté.

Je suis en mesure de faire le bien pendant douze heures, ce qui ne saurait me décourager, comme si je me croyais obligé de le faire toute ma vie durant.

Saint Jean XXIII

Prends, Seigneur

Prends, Seigneur, et reçois toute ma liberté, ma mémoire, mon intelligence et toute ma volonté. Tout ce que j'ai et possède, c'est toi qui me l'as donné : à toi, Seigneur, je le rends. Tout est à toi, disposes-en selon ton entière volonté. Donne-moi ton amour et ta grâce : c'est assez pour moi.

Saint Ignace de Loyola

Dieu Très-Haut et glorieux

Dieu Très-Haut et glorieux, viens éclairer les ténèbres de mon cœur ; donne-moi une foi droite, une espérance solide et une parfaite charité ; donne-moi de sentir et de connaître, afin que je puisse l'accomplir, ta volonté sainte qui ne saurait m'égarer. Amen.

Saint François d'Assise

Prière pour la paix

Seigneur, faites de moi un instrument
de votre paix.
Là où il y a de la haine, que je mette l'amour.
Là où il y a l'offense, que je mette le pardon.
Là où il y a la discorde, que je mette l'union.
Là où il y a l'erreur, que je mette la vérité.
Là où il y a le doute, que je mette la foi.
Là où il y a le désespoir, que je mette l'espérance.
Là où il y a la tristesse, que je mette la joie.
Ô Seigneur, que je ne cherche pas tant
à être consolé qu'à consoler,
à être compris qu'à comprendre,
à être aimé qu'à aimer.
Car c'est en se donnant qu'on reçoit,
c'est en s'oubliant qu'on se retrouve,
c'est en pardonnant qu'on est pardonné,
c'est en mourant qu'on ressuscite
à l'éternelle vie.

Saint François d'Assise

Prière d'abandon

Mon Père,
je m'abandonne à toi,
fais de moi ce qu'il te plaira.
Quoi que tu fasses de moi,
je te remercie.
Je suis prêt à tout, j'accepte tout,
pourvu que ta volonté
se fasse en moi
et en toutes tes créatures,
je ne désire rien d'autre, mon Dieu.
Je remets mon âme entre tes mains.
Je te la donne, mon Dieu,
avec tout l'amour de mon cœur,
parce que je t'aime,

et que ce m'est un besoin d'amour
de me donner,
de me remettre entre tes mains sans mesure,
avec une infinie confiance,
car tu es mon Père.

Bienheureux Charles de Foucauld

Ô Dieu, éveille-moi

Ô Dieu,
éveille-moi du sommeil de mon indolence.
Fais brûler en moi le feu de l'amour divin ;
que la flamme de ton amour monte
plus haut que les étoiles ;
que brûle sans cesse au-dedans de moi
le désir de répondre à ton infinie tendresse. [...]

Seigneur,
accorde-moi cet amour qui se garde
de tout relâchement,
que je sache tenir toujours ma lampe allumée,
sans jamais la laisser s'éteindre ;
qu'en moi, elle soit feu
et lumière pour mon prochain.

Amen.

Saint Colomban

Prère à la miséricorde divine

Dieu, Père miséricordieux, qui as révélé ton amour dans ton Fils Jésus-Christ, et l'as répandu sur nous dans l'Esprit Saint consolateur, nous te confions aujourd'hui le destin du monde et de chaque homme.

Penche-toi sur nos péchés, guéris notre faiblesse, vaincs tout mal, fais que tous les habitants de la terre fassent l'expérience de ta miséricorde, afin qu'en toi, Dieu un et trine, ils trouvent toujours la source de l'espérance.

Père éternel, pour la douloureuse passion et la résurrection de ton Fils, accorde-nous ta miséricorde, ainsi qu'au monde entier ! Amen.

Saint Jean Paul II

Accorde-moi de t'aimer

De toutes mes forces,
celles que tu m'as données,
je t'ai cherché,
désirant voir ce que j'ai cru.
Et j'ai lutté, et j'ai souffert.

Mon Dieu,
mon Seigneur,
mon unique espoir,
accorde-moi de n'être jamais las de te chercher,
qu'avec passion sans cesse je cherche ton visage.

Toi qui m'as donné de te trouver,
donne-moi le courage de te chercher
et d'espérer te trouver toujours davantage.

Devant toi ma solidité : garde-la.
Devant toi ma fragilité : guéris-la.
Devant toi tout ce que je sais,
tout ce que j'ignore.

Par là où tu m'as ouvert, j'entre : accueille-moi.
De là où tu m'as fermé, j'appelle : ouvre-moi.

Accorde-moi de ne pas t'oublier,
accorde-moi de te comprendre.
mon Dieu,
mon Seigneur,
accorde-moi de t'aimer.

Saint Augustin

Prends-moi dans ton silence…

Prends-moi dans ton silence,
loin des bruits et de l'agitation du monde.
Dans un silence où mon être se retrouve
en vérité sous ton regard,
en sa nudité, en sa misère,
car ce silence te permet de me montrer
ce qu'il y a en moi.

Prends-moi dans la richesse divine de ton silence,
plénitude capable de tout combler en mon âme.

Fais taire en moi ce qui n'est pas de toi,
ce qui n'est pas ta présence toute pure,
toute solitaire, toute paisible !

Impose silence à mes désirs désordonnés,
à mes caprices, à mes rêves d'évasion,
à la violence de mes passions.

Couvre par ton silence la voix
de mes revendications, de mes plaintes
de mes « pourquoi » et de mes soucis.

Imprègne de ton silence
ma nature trop impatiente de parler,
trop encline à l'action extérieure bruyante.

Impose même ton silence à ma prière,
pour qu'elle soit pur élan vers toi.

Fais descendre ton silence
jusqu'au fond de mon être
et fais remonter ce silence vers toi
en hommage d'amour.

Saint Jean de la Croix

Prière brève

Seigneur Dieu, enlevez-moi
tout ce qui m'éloigne de vous.

Seigneur Dieu, donnez-moi
tout ce qui me rapproche de vous.

Prenez-moi à moi
et donnez-moi tout à vous.

Amen.

D'après des courtes prières
de saint Nicolas de Flüe

Prière des trois cœurs

Mon Dieu, accordez-moi, pour vous aimer, trois cœurs en un seul.

Le premier, pour vous, pur et ardent comme une flamme, me tenant continuellement en votre présence et me faisant désirer parler de vous, agir pour vous, et, surtout, accueillir avec patience les épreuves qu'il me sera donné de devoir surmonter au cours de ma vie.

Le second, tendre et fraternel envers le prochain, me portant à étancher sa soif spirituelle en lui confiant votre Parole, en étant votre témoin comme en priant pour lui. Que ce cœur soit bon pour ceux qui s'éloignent de vous, et plus particulièrement encore s'ils me rejettent ; qu'il s'élève vers vous, vous implorant de les éclairer afin qu'ils parviennent à se libérer des filets du chasseur. Qu'il soit, enfin, plein de compassion pour celles et ceux qui ont quitté ce monde dans l'espérance de vous voir face à face…

Le troisième, de bronze, rigoureux pour moi-même, me rendant vainqueur des pièges de la chair, me gardera de tout amour-propre, me délivrera de l'entêtement, me poussera à l'abstinence et m'incitera à me défier du péché. Car je sais que plus je maîtriserai les séductions de la nature, plus grand sera le bonheur dont vous me comblerez dans l'éternité.

Saint Benoît-Joseph Labre

Je voudrais bien t'aimer

Mon Seigneur Jésus,
je voudrais bien t'aimer.

Mon Seigneur, je te l'ai dit,
si tu ne m'aides pas,
je ne ferai jamais rien de bien.

Je te cherche et ne te trouve pas :
viens à moi, mon Seigneur !

Je ne veux rien faire d'autre que ta volonté.

Je me défie de moi-même,
en toi je me confie.

D'après de courtes prières
de saint Philippe Néri

Ne me juge pas, ô Dieu de miséricorde

Ô Dieu qui scrutes les reins et les cœurs,
tu pénètres les secrets de ma pensée.
Devant toi est à découvert
ce que tu as semé dans mon âme
et qui peut t'être offert ;
tu connais aussi ce que moi-même
ou l'ennemi avons répandu.
Ce que tu as semé, nourris-le,
fais-le croître jusqu'à son achèvement.
De même que je n'ai rien pu commencer de bon
sans toi, de même je ne puis l'achever loin de toi.
Ne me juge pas, ô Dieu de miséricorde,
d'après ce qui te déplaît en moi,
mais ôte de moi ce que tu n'y as pas mis.
Je ne puis me corriger moi-même sans toi.

Amen.

Saint Anselme de Cantorbéry

Bénis la détresse des hommes

Dieu notre Père,
bénis l'esprit humilié de ceux
qui sont oppressés par la souffrance,
la solitude pesante des âmes profondes,
l'être inquiet des hommes
et la souffrance qu'une âme
n'ose confier à aucune âme sœur.

Et bénis cette bande d'exaltés ténébreux
qui ne craignent pas le fantôme
de chemins inconnus.

Bénis la détresse des hommes
qui meurent en cette heure
donne-leur, Dieu de bonté,
une fin paisible, bienheureuse.

Bénis tous les cœurs,
surtout ceux qui sont affligés.

Seigneur,
aux malades donne soulagement ;
aux tourmentés, la paix.
À ceux qui emportent leur amour dans la tombe,
apprends à oublier.
Ne laisse aucun cœur dans la peine du péché
sur toute la terre.

Bénis ceux qui sont heureux, Seigneur.
Garde-les sous ta protection. [...]

Souviens-toi de la souffrance que ton Fils
endura pour moi dans son angoisse mortelle.
Ton être, plein de miséricorde
pour toutes les détresses humaines,
donne à tous les morts le repos
dans ta paix éternelle.

Amen.

Sainte Thérèse-Bénédicte de la Croix
(Édith Stein)

Donnez-moi

Donnez-moi une bonne digestion, Seigneur,
et aussi quelque chose à digérer.
Donnez-moi la santé du corps
avec le sens de la garder au mieux.
Donnez-moi une âme sainte, Seigneur,
qui ait les yeux sur la beauté et la pureté,
afin qu'elle ne s'épouvante pas
en voyant le péché,
mais sache redresser la situation.
Donnez-moi une âme
qui ignore l'ennui,
le gémissement et le soupir.
Ne permettez pas que je me fasse trop de souci
pour cette chose encombrante
que j'appelle « moi ».
Seigneur, donnez-moi l'humour
pour que je tire quelque bonheur de cette vie
et en fasse profiter les autres.

Saint Thomas More

Prière dite « des douze apôtres »

Père saint, nous te rendons grâce pour ton saint nom. Tu l'as fait habiter dans nos cœurs, pour la connaissance, la foi et la vie éternelle que tu nous as révélées par Jésus ton serviteur.

À toi la gloire pour les siècles !

Maître tout-puissant, tu as créé toutes choses pour la gloire de ton nom, tu as donné aux hommes nourriture et boisson pour qu'ils en jouissent et qu'ils te rendent grâce. Nous cependant, par ton Serviteur, tu nous a gratifiés d'une nourriture et d'une boisson spirituelles et de la vie éternelle. Avant tout, nous te disons merci, car tu es puissant.

À toi la gloire pour les siècles.

Seigneur, souviens-toi de ton Église, garde-la de tout mal, rends-la parfaite en ton amour. Rassemble des quatre vents, cette Église que tu as sanctifiée, conduis-la dans ton Royaume, dans celui que tu lui as préparé, car c'est à toi qu'appartiennent la puissanceet la gloire pour les siècles.

Que vienne la grâce et que passe ce monde.
Hosanna au Dieu de David !

Si quelqu'un est saint, qu'il vienne ! Si quelqu'un ne l'est pas, qu'il se convertisse !

Maranatha, Viens Seigneur Jésus !

Amen.

D'après la *Didachè*

Prière pour demander l'humilité

Ô Dieu Sauveur, je vous en prie,
donnez-nous l'humilité,
vous qui avez toujours cherché
la gloire de votre Père
aux dépens de votre propre gloire.

Aidez-nous à renoncer une fois pour toutes
à nous complaire en vain dans les succès.
Délivrez-nous de l'orgueil caché
et du désir que les autres nous estiment.

Nous vous supplions, Seigneur miséricordieux,
de nous donner l'esprit de pauvreté.
Et si nous devons avoir des biens,
faites que notre esprit n'en soit pas contaminé,
ni la justice blessée, ni nos cœurs embarrassés.

Saint Vincent de Paul

Acte d'amour

Je vous aime, ô mon Dieu,
et mon seul désir est de vous aimer
jusqu'au dernier soupir de ma vie.

Je vous aime, ô mon Dieu, infiniment aimable,
et j'aime mieux mourir en vous aimant
que de vivre un seul instant sans vous aimer.

Je vous aime, ô mon Dieu,
et je ne désire le ciel que pour avoir le bonheur
de vous aimer parfaitement.

Je vous aime, ô mon Dieu,
et je n'appréhende l'enfer
que parce qu'on n'y aura jamais la douce
consolation de vous aimer.

Ô mon Dieu,
si ma langue ne peut dire à tout moment
que je vous aime,
du moins je veux que mon cœur vous le répète
autant de fois que je respire.

Ah ! Faites-moi la grâce
de souffrir en vous aimant,
de vous aimer en souffrant
et d'expirer un jour en vous aimant
et en sentant que je vous aime.

Et plus j'approche de ma fin, plus je vous conjure
d'accroître mon amour et de le perfectionner.

Amen.

Saint Jean-Marie Vianney

Le Christ avec moi

Le Christ avec moi,
le Christ devant moi,
le Christ derrière moi,
le Christ au-dedans de moi,
le Christ au-dessous de moi,
le Christ au-dessus de moi,
le Christ à ma droite,
le Christ à ma gauche,
le Christ dans le cœur de tout homme
qui pense à moi,
le Christ dans la bouche de tout homme
qui parle de moi,
le Christ dans tout œil qui me voit,
le Christ dans toute oreille qui m'entend.

Saint Patrick

Seigneur Jésus, apprenez-nous

Seigneur Jésus,
apprenez-nous à être généreux,
à vous servir comme vous le méritez,
à donner sans compter,
à combattre sans souci des blessures,
à travailler sans chercher le repos,
à nous dépenser
sans attendre d'autre récompense
que celle de savoir
que nous faisons votre sainte volonté.

Saint Ignace de Loyola

Prière d'abandon

Ô mon Jésus,
je te promets de me soumettre
à tout ce qui, par ta permission, m'adviendra.
Je te supplie uniquement de connaître ta volonté.
Mon très doux Jésus,
Dieu infiniment miséricordieux,
Père très tendre des âmes,
et en particulier des plus faibles,
des plus misérables, des plus malades : tu les portes
avec une tendresse particulière dans tes bras divins.
Je viens vers toi pour te demander,
par l'amour et les mérites de ton Sacré Cœur,
la grâce de comprendre et d'accomplir toujours
ta volonté, la grâce d'avoir confiance en toi,
la grâce de m'abandonner sans crainte
à tes bras divins, dans le temps et l'éternité.

Amen.

Sainte Jeanne Beretta Molla

Ô Christ, ton règne est proche

Ô Christ, ton règne est proche ;
fais-nous participer à ton triomphe sur la terre
pour ensuite avoir part à ton royaume céleste.
Accorde-nous de pouvoir communiquer ton amour
et d'annoncer ta royauté divine
par l'exemple de notre vie et par nos œuvres.

Prends possession de nos cœurs ici-bas,
afin qu'ils soient tiens pour l'éternité.
Ne permets pas que nous nous éloignions
de ta volonté : que ni la vie ni la mort
ne parviennent à nous séparer de toi.

Que notre cœur ait sa source en toi, notre Sauveur,
pour que, rassasiés de ton amour, nous devenions
les apôtres infatigables de ton règne.
Que nous mourions chaque jour à nous-mêmes
pour ne vivre que de toi seul.

Saint Padre Pio

Hymne à l'Eucharistie

Je t'adore, ô Dieu caché,
réellement présent dans ton eucharistie.
À toi, mon cœur se soumet tout entier
car, à te contempler, tout entier, il défaille.

La vue, le goût, le toucher ne peuvent t'atteindre,
mais, par l'ouïe seule, ma foi se rassure.
Je crois tout ce qu'a dit le Fils de Dieu ;
rien de plus vrai que cette voix de la Vérité ! […]

Je n'ai pu, tel Thomas, contempler tes plaies,
je proclame pourtant : « Tu es mon Dieu ! »
Fais que, de plus en plus, je croie en toi,
qu'en toi j'espère et que je t'aime !

Ô mémorial de la mort du Seigneur,
Pain vivant qui donnes la vie aux hommes,
donne à mon âme de vivre de toi,
et de toujours savourer ta douceur […].

Saint Thomas d'Aquin

Louange au Saint-Esprit

Ô Saint Feu,
Feu qui consume toutes superfluités,
Feu qui chasse toute froideur,
Feu qui consume parfaitement
l'holocauste de nos âmes !

Saint François de Sales

Respire en moi

Respire en moi, Saint-Esprit,
afin que je pense ce qui est saint.

Agis en moi, Saint-Esprit,
afin que je fasse ce qui est saint.

Affermis-moi, Saint-Esprit,
afin que je garde ce qui est saint.

Garde-moi, Saint-Esprit,
afin que je ne perde jamais ce qui est saint.

Saint Augustin

Invocation à l'Esprit de Dieu

Ô Grand Esprit,
dont la voix parle dans le vent
et qui donne vie au monde entier
par ton souffle…
Écoute-moi !
Je suis petite et faible.
J'ai besoin de ta force et de ta sagesse !

Rends-moi toujours prête à venir vers toi
avec des mains propres et le regard droit.
Et quand la vie s'éteindra,
comme un soleil qui se couche,
que mon esprit monte vers toi sans honte.

Amen.

D'après une prière
de sainte Kateri Tekakwhita

Ô mon Dieu, Trinité que j'adore

Ô mon Dieu, Trinité que j'adore,
aidez-moi à m'oublier entièrement
pour m'établir en vous, immobile et paisible
comme si déjà mon âme était dans l'éternité !

Que rien ne puisse troubler ma paix
ni me faire sortir de vous, ô mon Immuable,
mais que chaque minute m'emporte
plus loin dans la profondeur de votre mystère.

Pacifiez mon âme, faites-en votre ciel,
votre demeure aimée et le lieu de votre repos.
Que je ne vous y laisse jamais seul,
mais que je sois là tout entière,
tout éveillée en ma foi, tout adorante,
toute livrée à votre action créatrice.

Ô mon Christ aimé, crucifié par amour,
je voudrais être une épouse pour votre cœur ;
je voudrais vous couvrir de gloire,

je voudrais vous aimer… jusqu'à en mourir !
Mais je sens mon impuissance et
je vous demande de me revêtir de vous-même,
d'identifier mon âme à tous les mouvements
de votre âme
de me submerger, de m'envahir,
de vous substituer à moi, afin que ma vie
ne soit qu'un rayonnement de votre vie.
Venez en moi comme adorateur,
comme réparateur et comme sauveur.

Ô Verbe éternel, Parole de mon Dieu,
je veux passer ma vie à vous écouter,
je veux me faire tout enseignable
afin d'apprendre tout de vous.
Puis, à travers toutes les nuits,
tous les vides, toutes les impuissances,
je veux vous fixer toujours
et demeurer sous votre grande lumière.

Ô mon astre aimé, fascinez-moi
pour que je ne puisse plus sortir
de votre rayonnement.

Ô Feu consumant, Esprit d'amour,
survenez en moi, afin qu'il se fasse en mon âme
comme une incarnation du Verbe :
que je lui sois une humanité de surcroît
en laquelle il renouvelle tout son mystère.

Et vous, ô Père,
penchez-vous vers votre pauvre petite créature,
couvrez-la de votre ombre,
ne voyez en elle que le bien-aimé
en lequel vous avez mis toutes vos complaisances.

Ô mes trois, mon tout, ma béatitude,
solitude infinie, immensité où je me perds,
je me livre à vous comme une proie.
Ensevelissez-vous en moi,
pour que je m'ensevelisse en vous,
en attendant d'aller contempler en votre lumière
l'abîme de vos grandeurs.

Bienheureuse Élisabeth de la Trinité

Offrande de moi-même

Ô mon Dieu !
Trinité Bienheureuse,
je désire vous aimer et vous faire aimer,
travailler à la glorification de la sainte Église
en sauvant les âmes qui sont sur la terre
et [en] délivrant celles qui souffrent
dans le purgatoire.

Je désire accomplir parfaitement votre volonté
et arriver au degré de gloire
que vous m'avez préparé dans votre royaume,
en un mot, je désire être sainte,
mais je sens mon impuissance
et je vous demande, ô mon Dieu,
d'être vous-même ma sainteté.

Sainte Thérèse de l'Enfant-Jésus

En suivant Marie

En suivant Marie,
on ne dévie pas.
En la priant,
on ne désespère pas.
En pensant à elle,
on ne se trompe pas.
Si elle te tient par la main,
tu ne tomberas pas.
Si elle te protège,
tu ne craindras pas.
Si elle te guide,
tu ne connaîtras pas la fatigue.
Si elle est avec toi,
tu es sûr d'arriver au but.

Saint Bernard de Clairvaux

Une enfant selon votre cœur

Ô Marie,
donnez à celle qui ose se dire votre enfant
cette précieuse vertu d'humilité.

Faites, ô tendre Mère,
que votre enfant vous imite en tout et pour tout ;
en un mot que je sois une enfant
selon votre cœur et celui de votre cher Fils.

Sainte Bernadette

À Marie, divine souveraine

Ô ma divine souveraine ! Ô Marie !
Vous, l'espérance des chrétiens,
la Reine des anges et des saints
qui environnent le trône de Dieu dans le ciel !
Je me remets entre vos mains,
je me recommande à votre puissante protection
et à celle de tous les saints,
pour tous les jours de ma vie
et pour le moment de ma mort.

Ô ma Souveraine, qui êtes aussi ma mère,
préservez-moi des dangers qui m'entourent !
Le monde et le démon me tendent des pièges,
ils font tous leurs efforts pour m'entraîner
dans l'abîme et me précipiter dans l'enfer.
Ô Mère pleine de tendresse et de bonté,
ne permettez pas qu'ils triomphent ;
sauvez-moi. Je vous en conjure !

Amen.

Saint François Xavier

Consécration à Marie

Je te choisis aujourd'hui, ô Marie,
en présence de toute la cour céleste,
pour ma mère et ma reine.
Je te livre et consacre,
en toute soumission et amour,
mon corps et mon âme,
mes biens intérieurs et extérieurs,
et la valeur même de mes bonnes actions
passées, présentes et futures,
te laissant un entier et plein droit
de disposer de moi et de tout ce qui
m'appartient,
sans exception, selon ton bon plaisir,
à la plus grande gloire de Dieu,
dans le temps et l'éternité.

Amen.

Saint Louis-Marie Grignion de Montfort

Prière de consécration à l'Immaculée Conception

Immaculée Conception, reine du ciel et de la terre, refuge des pécheurs et mère très aimante, à qui Dieu voulut confier tout l'ordre de la miséricorde, me voici à tes pieds, moi N… pauvre pécheur.

Je t'en supplie, accepte mon être tout entier comme ton bien et ta propriété ; agis en moi selon ta volonté, en mon âme et mon corps, en ma vie et ma mort et mon éternité. Dispose avant tout de moi comme tu le désires, pour que se réalise enfin ce qui est dit de toi : « La Femme écrasera la tête du serpent » et aussi « Toi seule vaincras les hérésies dans le monde entier ».

Qu'en tes mains toutes pures, si riches de miséricorde, je devienne un instrument de ton amour, capable de ranimer et d'épanouir pleinement tant d'âmes tièdes ou égarées. Ainsi s'étendra sans fin le règne du cœur divin de Jésus.

Vraiment, ta seule présence attire les grâces qui convertissent et sanctifient les âmes, puisque la grâce jaillit du cœur divin de Jésus sur nous tous, en passant par tes mains maternelles.

Saint Maximilien Kolbe

Souvenez-vous

Souvenez-vous,
ô très miséricordieuse Vierge Marie,
qu'on n'a jamais entendu dire
qu'aucun de ceux qui ont eu recours
à votre protection,
imploré votre assistance
ou réclamé votre secours,
ait été abandonné.
Animé d'une pareille confiance,
ô Vierge des vierges, ô ma Mère,
je cours vers vous et,
gémissant sous le poids de mes péchés,
je me prosterne à vos pieds.
Ô Marie, mère du Verbe incarné,
ne rejetez pas mes prières,
mais écoutez-les favorablement
et daignez les exaucer.
Amen.

Saint Bernard de Clairvaux

À la Sainte Famille de Nazareth

Ô Sainte Famille de Nazareth,
communauté d'amour de Jésus, Marie et Joseph,
modèle et idéal de toute famille chrétienne,
nous te confions nos familles.

Ouvre le cœur de chaque foyer domestique
à la foi, à l'accueil de la parole de Dieu,
au témoignage chrétien,
pour qu'il devienne une source
de nouvelles et saintes vocations.

Dispose l'esprit des parents,
afin que, avec une prompte charité,
un soin plein de sagesse et une tendre piété,
ils soient pour leurs enfants des guides sûrs
vers les biens spirituels et éternels.

Suscite dans l'esprit des jeunes
une conscience droite et une volonté libre
pour que, grandissant « en sagesse, en âge
et en grâce », ils accueillent généreusement
le don de la vocation divine.

Sainte Famille de Nazareth,
fais que nous tous, en contemplant
et en imitant la prière assidue,
l'obéissance généreuse, la pauvreté digne
et la pureté virginale vécues en ton sein,
nous nous disposions à accomplir
la volonté de Dieu
et à accompagner avec une prévoyante délicatesse
tous ceux qui, parmi nous, sont appelés
à suivre de plus près le Seigneur Jésus,
qui « s'est livré lui-même pour nous ».

Saint Jean Paul II

Glorieux saint Joseph

Glorieux saint Joseph, époux de Marie,
accordez-nous votre protection paternelle,
nous vous en supplions par Jésus Christ.
Ô vous, dont la puissance s'étend
à toutes nos nécessités
et sait rendre possibles
les choses les plus impossibles,
prenez paternellement les intérêts de vos enfants.
Nous recourons à vous avec confiance.
Faites que, sous votre paternelle conduite,
toutes nos causes d'inquiétude
tournent à la gloire de Dieu
et au bien de ses dévoués serviteurs.

Saint François de Sales

Prière pour les malades

Nous te prions, Seigneur, toi qui es le gardien,
le maître du corps et le créateur de l'âme,
toi qui as conçu l'homme dans son unité,
toi qui es l'ordonnateur, le guide
et le sauveur de tout le genre humain,
toi qui es le réconciliateur et le modérateur,
par amour de l'homme, prends pitié, Seigneur :
aide tous les souffrants et accorde-leur la guérison,
commande aux maladies,
redresse ceux qui sont accablés par la souffrance.

Honneur et gloire à ton saint nom,
par Jésus-Christ, ton Fils unique
par qui l'honneur et la puissance te reviennent
dans le Saint-Esprit,
maintenant et dans les siècles des siècles.

Amen.

Saint Camille de Lellis

Autour de la table

Sois béni, ô Dieu,
qui me nourris depuis ma jeunesse,
qui donnes nourriture à toute chair.

Comble nos cœurs de joie et de gaîté, afin que,
disposant toujours de tout ce qui est nécessaire,
nous abondions pour toute bonne œuvre
dans le Christ Jésus, notre Seigneur,
avec qui tu partages gloire, honneur et puissance,
avec le Saint-Esprit, pour les siècles.

Gloire à toi, Seigneur !
Gloire à toi, ô Saint !
Gloire à toi, ô Roi !
parce que tu nous a donné
des aliments pour la joie.

Comble-nous de ton Esprit Saint,
afin que nous puissions être trouvés
sereins devant ta face, et non pas honteux,
quand tu rendras
à chacun selon ses œuvres.

Saint Jean Chrysostome

Achevé d'imprimer
en mars 2016 par Lego S.p.A.
N° d'édition : 16099
Dépôt légal : avril 2016